Diese tiefen Urgefühle des Menschen wühlen uns immer wieder mit ihrer enormen Kraft auf.

Sie treiben uns in euphorische Höhen, dem Flug des Adlers oder eines Raumschiffes gleich, voller Entzückung, Schwerelosigkeit, Sanftheit, Lust und Leidenschaft.

Sie können uns aber genauso in die tiefsten Abgründe der Seele und den heftigsten Schmerz stürzen.

Den Hass, den vielbesungenen und beschriebenen Gegenspieler der Liebe wird man in meinen Gedichten nicht finden.

Ich kann ihn nicht fühlen.

Zwar befindet er sich in meiner Vorstellungskraft, jedoch nicht in meinem Gefühlskleid, aus welchem meine Gedanken und Gefühle meistens fließen.

Zeitfracht Medien GmbH
Ferdinand-Jühlke-Straße 7
99095 Erfurt, Deutschland
produktsicherheit@kolibri360.de